Inhalt

Energiewirtschaft in Österreich, Italien, Spanien - Aktuelle energiepolitische Entwicklungen im Spotlight

Kernthesen

Beitrag

Fallbeispiele

Zahlen und Fakten

Weiterführende Literatur

Impressum

GENIOS BranchenWissen Nr. 08/2008 vom 18.08.2008

Energiewirtschaft in Österreich, Italien, Spanien - Aktuelle energiepolitische Entwicklungen im Spotlight

Autor GENIOS BranchenWissen: A.Schneider

Kernthesen

- Italien hat selbst nur wenige Rohstoffe, ist seit 1990 ohne Atomkraft und nutzt seine Potenziale aus der Wind-, Wasser- und Sonnenenergie noch zu wenig. Die Regierung Berlusconi will die zivile Nutzung der Kernkraft wieder einführen.
- In Spanien will der größte Gaskonzern des

Landes, Gas Natural, den drittgrößten Versorger des Landes, Union Fenosa, übernehmen. Das neue Unternehmen würde sich unter die zehn größten Energieversorger Europas schieben.

- Österreichs Nummer zwei in der Energiebranche, die teilstaatliche OMV, verzichtet auf die feindliche Übernahme des ungarischen Rivalen MOL. Überraschend wurde bekanntgegeben, dass Österreich nicht nur das europäische Pipeline-Projekt Nabucco, sondern jetzt auch das russisch-italienische Gegenprojekt South-Stream unterstützen wird.

Beitrag

Es ist mal wieder Ferienzeit, und viele deutsche Urlauber sind unterwegs, um sich an den Stränden der Meere und Seen zu erholen - ein guter Zeitpunkt, um einen Blick darauf zu werfen, was sich in unseren Nachbarländern und Lieblingsurlaubsregionen Österreich, Italien und Spanien in der Energiebranche derzeit so tut.

Italien Silvio Berlusconi treibt

Wiedereinstieg in die Atomenergie voran

Wer im Urlaub in Italien mit seinem Auto unterwegs ist, wird an den Tankstellen kaum erfreuter sein als in Deutschland. Auch Italiens Verbraucher und Unternehmen klagen seit Jahren über die hohen und immer weiter steigenden Energiepreise.
Zwar hat Italiens Finanzminister Giulio Tremonti dafür gesorgt, dass die Regierung in Rom die so genannte Robin-Hood-Steuer einführt. Sie sieht vor, die Gewinne der Ölkonzerne stärker zu besteuern und die Mehreinnahmen zumindest teilweise in Form von Einkaufsgutscheinen an Bedürftige weiterzugeben.

Doch Italien ist ebenso wie Deutschland in der Energieversorgung weitgehend von Erdöl und Erdgas abhängig. Beides muss zum größten Teil importiert werden (85%). Das Land besitzt kaum natürliche Ressourcen bis auf Erdgasvorkommen in der Poebene und in der Adria, einige Erdölvorkommen in den Regionen Basilikata und Sizilien und Eisenerzvorkommen, v.a. auf der Insel Elba.

Eine Diversifizierung der Energiequellen ist bisher nur in Ansätzen geglückt. Kraftwerke sollten auf Kohle umgestellt werden, doch dagegen gab es lokale Proteste. Willkommener sind Gaskraftwerke, doch sie

bringen weitere Abhängigkeiten, nämlich von den wenigen Pipelines aus Nordafrika und Russland, mit sich. Sonne, Wind und Wasser bieten zwar viel Potenzial, werden aber noch zu wenig genutzt.
[Abb.1]

Seit 1990 ist in Italien wie auch in Österreich - der Ausstieg aus der Atomenergie vollzogen. Nach dem Reaktorunglück von Tschernobyl im Jahr 1986 beschlossen 71 Prozent der Wähler bei einem Referendum, die drei arbeitenden Atomkraftwerke des Landes abzuschalten und ein viertes nicht ans Netz zu lassen. Prompt ließ die Regierung sukzessive die Meiler abschalten. Heute produziert Italien seinen Strom vor allem in thermischen Kraftwerken und importiert einen erheblichen Teil des Stroms, überwiegend aus Frankreich.
Doch die Diskussion um neue Atomkraftwerke kam nie ganz zum Stillstand. Die Energiemanager und rechten Politiker um Silvio Berlusconi plädieren seit Jahren für einen Wiedereinstieg. Im letzten Wahlkampf Anfang dieses Jahres setzte sich Berlusconi für den Bau neuer Atomkraftwerke ein, um Italiens energiepolitische Abhängigkeit zu reduzieren.
Bis tatsächlich neue Atommeiler gebaut sind, dürfte noch einige Zeit vergehen. Zunächst müssen sich die Parteien einigen, ob Kernreaktoren mit italienischer Beteiligung im Ausland entstehen sollen oder ob in

Italien selbst gebaut werden soll. Ein atomares Endlager für alte Brennstäbe fehlt außerdem. Die italienische Bevölkerung wird inzwischen über die Medien darauf eingestimmt, dass es im kommenden Winter zu Stromausfällen kommen kann, bedingt durch die hohe Importabhängigkeit. [1], [2]

Enel, Italiens größter Stromkonzern und Europas viertgrößter Stromkonzern, hat sich das Know how in der Atomkraftwerkstechnik erhalten. Als Hauptaktionär der spanischen Endesa betreibt Enel in Spanien sieben Atommeiler, weitere in der Slowakei. Geplant sind weitere Kraftwerke in der Slowakei, in Rumänien sowie eine Beteiligung an einem Kraftwerksprojekt der französischen EdF. [3]

Auch in der aktuellen, auf EU-Ebene vorangetriebenen Diskussion um die Trennung von Stromproduktion und Netzen kann Italien praktische Erfahrungen beisteuern. Der Chef der italienischen Aufsichtsbehörde, Alessandro Ortis, plädiert für eine klare Trennung. Alle anderen Modelle, die auch in Deutschland befürwortet werden, würden zu Überregulierung, unzureichenden Investitionen und geringer Konkurrenz führen.
Italien hat bereits 1999 das Überlandnetz vom ehemaligen Strommonopolisten Enel abgetrennt und an eine Betreibergesellschaft übergeben. Diese firmiert unter dem Namen Terna, ging 2004 an die

Börse und hat seither rund 60 Prozent an Wert gewonnen. (4)

Spanien gute Aussichten für die Übernahme von Union Fenosa durch Gas Natural

Der spanische Energiemarkt ist seit Jahren sehr umkämpft. Die Schlagzeilen zu Eons vergeblichem Kampf um die spanische Endesa sind uns noch in Erinnerung.
Derzeit formiert sich ein weiterer Branchenriese durch eine Unternehmensübernahme: Der größte Gaskonzern des Landes, Gas Natural, wird Union Fenosa, den drittgrößten Versorger des Landes, übernehmen, sofern die Kartellbehörden zustimmen. Die Chancen stehen gut. Das neue Unternehmen würde sich mit einem Umsatz von 20 Milliarden Euro, 20 Millionen Kunden und einem Börsenwert von etwa 30 Milliarden Euro unter die zehn größten Energieversorger Europas schieben mit einer starken Marktposition in Spanien und Lateinamerika. Für den Baukonzern ACS käme der Zufluss an 7,6 Milliarden Euro aus dem Verlauf des ersten Aktienpaketes von 45,3 Prozent gerade recht, da Spanien momentan an einer Krise in der Immobilien- und Bauwirtschaft

leidet. (5)

Hinter Gas Natural stehen in erster Linie die katalanische Großsparkasse La Caixa und der Ölkonzern Repsol; gegenwärtiger Haupteigentümer von Fenosa ist ACS, Spaniens größter Baukonzern. Generell ist Spaniens Energiewirtschaft durch eine starke Position der Bauunternehmen gekennzeichnet. Die führenden spanischen Baukonzerne haben ihre Milliardengewinne aus dem Bauboom der vergangenen Jahre unter anderem in die Energiegeschäfte investiert. Bekannt ist auch Acciona, der 2006 beim Versorger Endesa einstiegt. Mit ihren Beteiligungen an Energiekonzernen sind die spanischen Bauunternehmer zugleich wichtige Verhandlungspartner für ausländische Energiekonzerne wie Eon oder EDF.

Gelingt die Übernahme, schließt Gas Natural deutlich zu den führenden Energieversorgern Spaniens Iberdrola und Endesa auf und verdrängt die deutsche Eon auf den vierten Platz.

Österreich OMV verzichtet auf Übernahme der ungarischen MOL

Österreichs Nummer zwei in der Energiebranche, die

teilstaatliche Wiener OMV, gab Anfang August den Verzicht auf die Übernahme des ungarischen Rivalens MOL bekannt. (6)

Die Ungarn wollten ohnehin nicht übernommen werden, und dann äußerten auch noch die europäischen Kartellbehörden Bedenken und stellten harte Auflagen in Aussicht. Brüssel soll auf dem Verkauf einer der drei von OMV und Mol betriebenen Raffinerien sowie auf der Abgabe Hunderter Tankstellen bestanden haben. Unter diesen Bedingungen sei eine Übernahme unwirtschaftlich, so Unternehmenschef Wolfgang Ruttenstorfer, der 11 Milliarden Euro für den Rivalen geboten hatte. Der Unternehmenslenker wollte sich mit der Fusion gegen den Vormarsch von russischen Wettbewerbern in Zentral- und Osteuropa wehren.
Die Ungarn riefen kurzerhand die kroatische Ina zu Hilfe und beteiligten diese per Aktientausch an Mol. Zusammen mit den bereits bestehenden Partnerschaften mit der staatlichen Ölgesellschaft des Oman, dem größten tschechischen Energieversorger CEZ und befreundeten ungarischen Banken und Versicherungen konnte die feindliche Übernahme abgewehrt werden. (7)

Vor vier Jahren hatte OMV den rumänischen Energieversorger Petrom übernommen, sicherte sich damit den Zugang zu 270 Ölfeldern und stieg zum führenden Anbieter zwischen Schwarzwald und Schwarzem Meer auf. Die vor zwei Jahren geplante Übernahme des größten österreichischen Energieversorger Verbunds war hingegen gescheitert.

Österreich seinerseits brüskierte kürzlich die EU, als es seine Unterstützung der russischen Konkurrenz für das europäische Nabucco-Projekt bekanntgab. Bei dem Nabucco-Projekt handelt es sich um eine Pipeline, die Gas aus dem Nahen Osten und der Region um das Kaspische Meer unter Umgehung Russlands nach Mitteleuropa transportieren soll. Die South-Stream-Pipeline ist ein Konkurrenzprojekt, das Nabucco schwächen oder verhindern soll. Beteiligt sind die russische Gazprom und die italienische Eni. Russland möchte sein de-facto-Monopol auf den Gasexport aus Zentralasien erhalten. Österreich gab vor ein paar Tagen überraschend bekannt, dass es sich zusätzlich zu Nabucco auch an South-Stream beteiligen werde. (8)

Fazit

Die Abhängigkeit von ausländischen Öl- und Gasimporten ist auch in Italien und Österreich hoch. Italien setzt für die Zukunft wieder auf Kernkraft, Österreich kämpft um eine gute Position in Zentral-

und Südosteuropa und auf dem spanischen Energiemarkt dreht sich das Übernahmekarussell weiter.

Fallbeispiele

Enel SpA, Rom

, Italiens größter und Europas viertgrößter Stromkonzern, erwarb im vergangen Jahr zusammen mit dem spanischen Mischkonzern Acciona die spanische Endesa. Für das erste Halbjahr 2008 meldete Enel einen Gewinnanstieg um 66 Prozent und brachte es damit auf einen Betriebsgewinn (Ebitda) von 7,41 Milliarden Euro, deutlich mehr als von Analysten erwartet.

Eni SpA, Rom

, der italienische Öl- und Gaskonzern, meldete für das erste Halbjahr ein Umsatzplus von 32,9 Prozent auf 55,4 Milliarden Euro, mit einem Nettogewinn von 6,7 Milliarden Euro, ein Plus von 39,2 Prozent. Eni engagiert sich stark im Russlandgeschäft. Im vergangenen Jahr erwarb der Konzern zusammen mit Enel für 5,8 Milliarden Dollar Teile des zerschlagenen Yukos-Konzerns. Zu dem Paket gehören auch Förderlizenzen in der russischen Arktis. Im Herbst 2006 hatten Eni und Gazprom eine Vereinbarung unterschrieben, die den Italienern Zugang zu Ressourcen in Russland einräumt und Gazprom im Gegenzug den Weg zum italienischen Endkunden öffnen soll. Im November 2007 gründete Eni mit Gazprom ein Joint Venture für das Projekt South Stream.

Terna SpA

, die Betreibergesellschaft des italienischen Überlandnetzes, berichtete für das Jahr 2007 einen Umsatz von bei 1,12 Milliarden Euro. Die Investitionen lagen bei 573 Millionen Euro, der Nettogewinn bei 407 Millionen Euro. Die frühere Muttergesellschaft, der ehemalige Strommonopolist Enel, besitzt nur noch 5 Prozent an Terna.Spaniens Marktführer sind **Iberdrola SA, Bilbao** mit einem Umsatz von 17,5 Milliarden Euro im vergangenen Jahr und **Endesa SA, Madrid** mit zuletzt 17,7 Milliarden Euro. Endesa wurde von einem Konsortium aus dem italienischen Versorger Enel und dem spanischen Baukonzern Acciona übernommen.

Gas Natural SDG SA, Barcelona

und **Union Fenosa SA, Madrid** erzielten 2007 zusammen einen Umsatz von 16 Milliarden Euro. Eons Umsatz in Spanien wird von Analysten auf rund zwei Milliarden Euro geschätzt. In einem ersten Schritt hat Gas Natural den Erwerb eines Aktienpaketes von 45,3 Prozent vereinbart, das derzeit im Besitz des Baukonzerns **ACS Actividades de Construccion y Servicios SA, Madrid** liegt. Wie ACS mitteilt, beträgt der Kaufpreis für dieses Paket 7,6 Milliarden Euro; daraus errechnet sich für den drittgrößten spanischen Stromversorger Fenosa ein Unternehmenswert von etwa 16,8 Milliarden Euro. In einem ersten Schritt wird Gas Natural knapp 10 Prozent der Anteile übernehmen. Falls die Behörden einer Aufstockung zustimmen, kauft der Gasversorger den Rest des Paketes.

OMV AG, Wien

ist in Deutschland nicht vielen bekannt. Doch das österreichische Unternehmen ist der führende Öl- und Gaskonzern in Osteuropa. Er erzielte 2007 einen Jahresumsatz von mehr als 20 Milliarden Euro, einen Reingewinn von 1,65 Milliarden Euro (+8%) und hat einen Börsenwert von rund 13 Milliarden Euro. Kein anderes österreichisches Unternehmen hat einen so hohen Umsatz oder Ertrag. Österreichs führender Energieversorger ist die als Verbund bezeichnete **Österreichische Elektrizitätswirtschafts-AG**. Sie meldete zum Halbjahr 2008 eine positive Entwicklung: Der Überschuss wurde um 30 Prozent auf 429 Millionen Euro erhöht. Der Betriebsgewinn betrug 564,2 Millionen Euro (+ 26,1%). Der Umsatz wuchs auf 1,65 Milliarden Euro (+10,6%).

Zahlen & Fakten

Eigenproduktion, Import und Export von Energie im italienischen Energiemarkt

Energiemix in Italien	Mio toe*
Eigenproduktion	**29**
davon Wasserkraft/erneuerbare Energiequellen	13
Gas	9
Erdöl	6
Import	**198**
davon Erdöl	107
Gas	64
Strom	10
Kohle/Festbrennstoffe	17
Export Erdöl	**28**

*Tonne of Oil Equivalent   GBI-Gerbs Grafik

Quelle: Aufsichtsbehörde für Strom und Gas, Enel, Internationale Energy Agency

Entnommen aus: FAZ, 24.05.2008, S. 12

Weiterführende Literatur

(1) Italien kehrt zur Atomenergie zurück
aus Süddeutsche Zeitung, 24.05.2008, Ausgabe Bayern, München, Deutschland, S. 9

(2) Wieder Atomkraft in Italien Bevölkerung ist mehrheitlich für den Bau neuer AKWs
aus "Der Standard" vom 09.06.2008 Seite: 8

(3) Italiens Wirtschaft hofft auf billigeren Strom
aus Frankfurter Allgemeine Zeitung, 24.05.2008, Nr. 119, S. 12

(4) Italien sieht Vorteil in der Abtrennung des Stromnetzes
aus Frankfurter Allgemeine Zeitung, 22.07.2008, Nr. 169, S. 12

(5) In Spanien formiert sich ein neuer Großkonzern
aus Handelsblatt Nr. 148 vom 01.08.08 Seite 12

(6) Der Verlierer
aus Frankfurter Allgemeine Zeitung, 07.08.2008, Nr. 183, S. 14

(7) Mol wendet feindliche Übernahme ab Ungarischer

Ölkonzern baut Schutzwall gegen Kaufofferte des Wettbewerbers OMV aus · Aktientausch mit kroatischer Ina
aus Financial Times Deutschland vom 16.07.2008, Seite 7

(8) Österreich beteiligt sich an Gazprom-Pipeline
Wien unterstützt russische Konkurrenz für europäisches Nabucco-Projekt · Forderungen nach gemeinsamer EU-Energieaußenpolitik
aus Financial Times Deutschland vom 11.06.2008, Seite 15

Impressum

Energiewirtschaft in Österreich, Italien, Spanien - Aktuelle energiepolitische Entwicklungen im Spotlight

Bibliografische Information der deutschen Nationalbibliothek

Die Deutsche Nationalbibliothek verzeichnet diese Publikation in der deutschen Nationalbibliografie; detaillierte bibliografische Daten sind im Internet über http://dnb.d-nb.de abrufbar.

ISBN: 978-3-7379-2357-6

© 2015 GBI-Genios Deutsche Wirtschaftsdatenbank GmbH, Freischützstraße 96, 81927 München, www.genios.de

Alle Rechte vorbehalten. Dieses Werk ist einschließlich aller seiner Teile – z.B. Texte, Tabellen und Grafiken - urheberrechtlich geschützt. Jede Verwertung außerhalb der Grenzen des Urheberrechtsgesetzes bedarf der vorherigen Zustimmung des Verlags. Dies gilt insbesondere auch für auszugsweise Nachdrucke, fotomechanische Vervielfältigungen (Fotokopie/Mikroskopie), Übersetzungen, Auswertungen durch Datenbanken oder ähnliche Einrichtungen und die Einspeicherung und Verarbeitung in elektronischen Systemen.